小野派一刀流第18代宗家

禮楽堂堂主 **矢吹 裕二**

一刀流は室町時代、伊藤一刀斎景久によって創始され、二代小野次郎右衛門忠明により継承されました。

忠明は徳川秀忠の指南役となり小野家は代々将軍家指南役として一刀流は日本剣法の代表的流儀となります。一刀流には多くの支流があり、それらと区別するために正統を小野派一刀流と呼びます。小野忠一のとき津軽信寿公に相伝された後、再び小野家に継承され以後、津軽家、小野家に正統が伝承され、さらに小野忠喜より山鹿家に伝承され、大正に入り笹森順造に正統が伝えられました。

今日の一刀流は三代忠常、四代忠於により新たに技が加えられ指南法、稽古法、目録が定められましたが、種々に伝承されたものを笹森順造が原点を掘り起こし、検証を加え、すべての技法、理論、伝統を再び統合、笹森健美に継承され現在に至っております。

主な資料をまとめた笹森順造の著書に「一刀流極意」が刊行されていますが、このたび國學院大学と刀剣博物館のご協力を得て江戸期から大正期の貴重な保存文書及び笹森順造が伝承、制作した一刀流宗家所蔵の刀剣、文化財を写真解説集として刊行することが出来ました。

今回の所蔵刀剣の検証から新たに室町期の銘兼家の小太刀が発見されました。伊藤一刀斎の時代からの伝承を示唆する貴重な発見でもあります。

また現代剣道との繋がりを示す高野佐三郎先生、内藤高治先生、小川金之助先生、斎村五郎先生の文書なども新たな資料として掲載させて頂きました。

この本を通じて多くの方々に小野派一刀流への理解を深めて頂ければ幸いです。

1

系　譜

- 一刀流は、伊藤一刀斎景久を一刀流元祖とし、流祖小野次郎右衛門忠明が一刀斎直伝の一刀流の正統を継ぐ。他の分派・支流と区別するためこの正統に小野派を冠す。忠明は将軍家徳川秀忠の指南役となる。

- 小野次郎右衛門忠常は忠明の三男。初め忠勝と称す。父に学びその統を継ぎ次郎右衛門を襲名す。忠常は徳川家光並びに多数の門人を指南した。

- 小野次郎右衛門忠於は忠明の四男。忠常の養子となる。一説に門弟の取立とも云う。忠常に学びその統を受け将軍家綱、綱吉、家宣の指南役を勤む。

- 津軽信政 津軽四代藩主 忠於から一刀流を学び極意に達し文武両道の令名がある。

- 小野次郎右衛門忠一 初め岡部助九郎 忠於の養子 忠一と改め忠於に学び、その統を受けた。忠一は徳川将軍のほか、多数の門人を有し、一刀流の正統をその子に伝えず津軽土佐守信寿に伝えた。

- 津軽土佐守信寿-津軽五代の藩主 忠於について一刀流の奥義を究め、忠一の加判により一刀流一子相伝をうけた。これにより一刀流の正統直伝は一旦小野家を離れて津軽家に移った。

- 小野次郎右衛門忠久 津軽土佐守信寿から一刀流の伝を受けたが早世した。

- 小野次郎右衛門忠方 父忠久早世し忠方若年でいまだ一刀流を学ばず、小野家に一刀流断絶の悲運に陥るを惜しみ、忠方が長ずるに及び津軽信寿老後の栄翁が改めて一刀流の伝を忠方に与えその統を継がせた。

- 小野次郎右衛門忠喜 忠方の子 父に学び多数の門人を擁した。

- 小野次郎右衛門忠孝 忠喜の子、父に学びその統を継ぐ。

- 小野次郎右衛門忠貞 忠孝の子、父に学び一刀流の相伝を受けた。

- 小野業雄 父に学び一刀流の統を受けた。(小野家はこの代を以って終焉)

- 中西忠太子定 小野次郎右衛門忠於・忠一に一刀流を学ぶ。(中西派一刀流)

- 山鹿素行 流祖小野次郎右衛門忠明より一刀流を教授された。(山鹿素行は軍学(兵法)を徳川将軍家・津軽家・小野家に伝授した。)
  山鹿家は小野家・津軽家・中西家と連絡を取りつつ津軽家の一刀流指南役となる。

- 笹森順造が、大正に入り津軽家・山鹿家より正統を受け小野派一刀流を集大成し第16代宗家となる。

- 笹森建美 父笹森順造に学び一刀流唯授一人の相伝を受け小野派一刀流第17代宗家となる。

- 矢吹裕二 笹森建美に学び一刀流唯授一人の相伝を受け小野派一刀流第18代宗家となり、現在に至る。

系統図

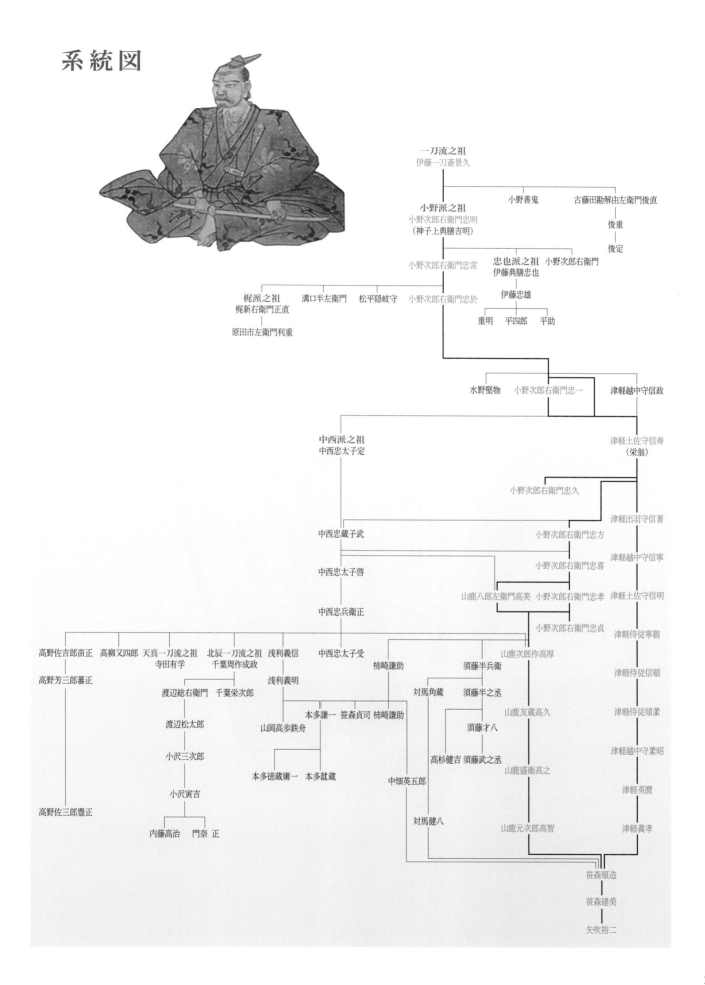

一刀流之祖
伊藤一刀斎景久

小野派之祖　　　　　小野善鬼　　　古藤田勘解由左衛門俊直
小野次郎右衛門忠明　　　　　　　　　　　俊重
（神子上典膳吉明）　　　　　　　　　　　　俊定

小野次郎右衛門忠常　　忠也派之祖　小野次郎右衛門
　　　　　　　　　　　伊藤典膳忠也
梶派之祖　　溝口半左衛門　松平隠岐守　小野次郎右衛門忠於　伊藤忠雄
梶新右衛門正直
原田市左衛門利重　　　　　　　　　重明　平四郎　平助

水野堅物　小野次郎右衛門忠一　津軽越中守信政

中西派之祖　　　　　　　　　　　　　　　津軽土佐守信寿
中西忠太子定　　　　　　　　　　　　　　（栄翁）

　　　　　　　　　　　小野次郎右衛門忠久
　　　　　　　　　　　　　　　　　　　　津軽出羽守信著
中西忠蔵子武　　　　　小野次郎右衛門忠方
　　　　　　　　　　　　　　　　　　　　津軽越中守信寧
中西忠太子啓　　　　　小野次郎右衛門忠喜
　　　　　　　　山鹿八郎左衛門高美　小野次郎右衛門忠孝　津軽土佐守信明
中西忠兵衛正
　　　　　　　　　　　　小野次郎右衛門忠貞　津軽侍従寧親

高野佐吉郎苗正　高柳又四郎　天真一刀流之祖　北辰一刀流之祖　浅利義信　中西忠太子受　　　　　　　　　山鹿次郎作高厚　津軽侍従信順
　　　　　　　　　　　寺田有孚　千葉周作成政　　　　　　　　　柿崎謙助　　　須藤半兵衛
高野芳三郎蕃正　　　　渡辺総右衛門　千葉栄次郎　浅利義明　　　　　　　対馬角蔵　須藤半之丞　山鹿友蔵高久　津軽侍従順兼
　　　　　　　　　　　渡辺松太郎　　　山岡高歩鉄舟　　本多謙一　笹森貞司　柿崎謙助　　　須藤才八　　　　　　津軽越中守羹昭
　　　　　　　　　　　小沢三次郎　　　　　　　　　　　　　　　　　高杉健吉　須藤武之丞　山鹿盛衛高之　津軽英麿
　　　　　　　　　　　　　　　　　　　本多徳蔵庸一　本多訛蔵　中畑英五郎
高野佐三郎豊正　小沢寅吉　　　　　　　　　　　　　　　　　　　　　　　　　　　　　　　　津軽義孝
　　　　　　　　　　内藤高治　門奈　正　　　　　　　　対馬健八　　　山鹿元次郎高智

　　　　　　　　　　　　　　　　　　　　　　　　　　　　　　　笹森順造
　　　　　　　　　　　　　　　　　　　　　　　　　　　　　　　笹森建美
　　　　　　　　　　　　　　　　　　　　　　　　　　　　　　　矢吹裕二

傳書・目録

一刀流には流儀の教えとその極意を示す書物が四巻ある。それは一刀流兵法十二ヶ条目録、同仮字書目録、同本目録及び割目録である。流祖伊藤一刀齋景久から伝えられた一刀流の秘術を小野次郎右衛門忠明が継承し、これを書物に認め大成したものである。

一刀流に志して師の門に入り教えを受け、組太刀を多年執行しその技に習熟し、理合をわきまえるようになり、師から認められると初伝として「十二ヶ条目録」の免状を授けられる。更に精進してその技に長じ、心身が養われ技が一段の進境に達すると、第二の中の伝として「仮字書目録」が授けられる。その人がいよいよ熱心に粉骨砕身し、道を求めて怠らず、技が円熟し心気が練達し武徳が備わり極意に達すると遂に第三の奥の伝として「本目録」が授けられる。以上の三巻の目録を授けられたのを免許皆伝を受けたという。この皆伝を受けた人が師から更に弟子取立免状を与えられ、最後に稽古場免状を授けられ以て一道場を新たに興し、又は従来の師父の道場の師の後を継ぐ事が許されるのである。この書のほかに一刀流には宗家門外不出一子相伝の第四巻の秘奥たる「割目録」がある。

■ 一刀流傳書（巻物）

師弟契約之日取

正月寅 二月卯 三月辰 四月巳
五月午 六月未 七月申 八月酉
九月戌 十月亥 十一月子 十二月丑

真之五點

伊藤一刀齊流剝目録之次篇

一妙劍
一かたにかかるくらいの勝
一おちおとし
一ちきま打
一押かけられて
一ちきま押懸るはちきま打

（釈文）

師弟契約之日取
正月寅 二月卯 三月辰 四月巳 五月午
六月未 七月申 八月酉 九月戌 十月亥
十一月子 十二月丑

真之五点

妙剣
一かたにかかるくらいの勝
一相打にうつくらいあり
一ちきに打くらいあり
一押かけられてくるくらいあり
一ちきに押懸るはちきにうつくらい有
一上段にもつくらいあり
一下段を上段にうつくらい
一中段に引とりうつくらい
一立てかつくらぬ

絶妙剣
一のし打
一左上段につく
一天よこかまへにつく
一天の五ケにつく
一左右へはこぶくらいあり
一てきちきに勝時は小太刀の身にてとりもく手
あり
一横せいかんにてきつくる時はたいをはつし左の
手をはね上る
一右より打かけたるをてきとりうたはその
まま勝くらい目につく時は太刀をなをしかつ
なり

真剣
一きりおとしてきの右に付勝くらい
一てきかふる時はすなはちおなじ位にてかつ
一切おとしちきに太刀をたてて勝くらい
一切おとしてきの左へちかへて勝位
一てきひきさかるときはすなはちよせこせいかんに
つく
一てきやうの位にひきとりよこせいかんにつく
一わきがまへにも太刀におふしてせいかんにつく

金翅鳥王剣
一地のせいかん切おとしの位
一下段の上段のくらい
一巻切のくらい一足二刀

独妙剣
一いるくらぬ

一左右の違様有せいかんよりも出るなり
真剣
一かすみへよこにいつるひやうしを請て付なり
金翅鳥王剣
一打太刀上段つかひてせいかんはつれてうつ位な
り上段へひきとりはつるなり
独妙剣
一打太刀小手の目付をはつさすしてはしりかか
る時てきの高手へうつなり下段中段上段とも
柳枝五寸
ちはやふる神の鳥居のやうし木を門にてさせは
あふとこそきけ
うんだぎうんしくうんしっち
口伝 女人よび出し候へは後に不叶

九太刀
一詰入
一添切
一身之曲
一乱留
一寄切
一真之信剣
一左点
一右点
一真之清眼
目付之事
一捨目付
一四兵剣 有口伝
一八重之目付
付之事
一大先
一同中
一小本
一四方之太刀相
五ケ之極意之事
一剣之段
一無相剣
一矩之積
一之位
一真金翅鳥王剣

其剣術者兵法也抑尋監鋒擁着摩利支尊天処
也而於扶桑国中其流多茲江州之伊藤一刀齋景
久博賾諸流然後観勝利実不短不長已以中位得
利収之成短延之成長不待論之如水上巨盧

一刀流兵法組数目録（解説）

資料は七代小野次郎右衛門忠孝が免許を相譲された時、山鹿八郎左衛門高美に送り届けたものである。

その後、山鹿家から笹森順造へ、三男の十七代宗家笹森建美を経て、現在の十八代宗家矢吹裕二に継承されたものである。笹森順造は旧弘前藩藩士・笹森要蔵の六男として生まれ、8歳で北辰堂道場に入門し、弘前藩に伝わる小野派一刀流剣術を学び、早稲田大学剣道部では高野佐三郎に師事する。のちに小野派一刀流第十六代宗家となり、神夢想林崎流居合、直元流大長刀術も伝承している。原本は禮楽堂所蔵である。

長文であるので組太刀5本目までの釈文と末尾の一部を公開する。

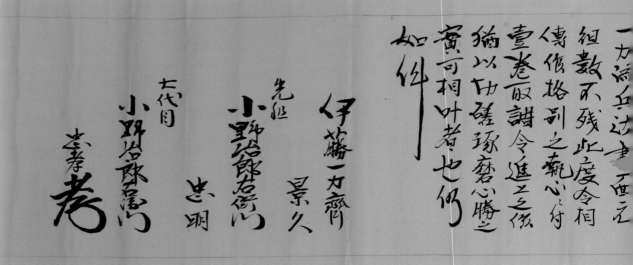

郎書「一刀」

小野派一刀流十六代宗家笹森順造が禮楽堂道場の設立にあたって揮毫を依頼し
である。
魂として掲げられている。
籍和書の造詣が深く剣道教育にも東洋倫理の本義から指導していたと伝わっている。

小野派一刀流宗家の刀剣

日本刀が出現するのは平安後期以降であるが時代が進むにつれて戦闘様式に応じて直線的なものから反りのあるものに変化していった。

南北朝時代には作刀技術の発展により3尺〜5尺に長大化した。しかし泰平の世を迎えた江戸期、幕府は寛文2年（1662年）2尺8寸、脇差は1尺8寸以下と定めた法令を出すこととなる。

小野派一刀流は木刀による組太刀稽古が主流であり、切落しと突き技が多いことなどから特徴として反りの少ない刀が多く用いられている。また幕府の剣術指南役の立場から一刀流の寸法が定められたと思われる。

小野派一刀流宗家所蔵の刀剣の多くは伝承の段階で行方が分からくなったものや紛失したものも多い。また、現在も激しい稽古に使用しており、拵や柄は江戸期の作でも刀身は昭和初期まで何度も作り直している。美術刀として鑑賞頂くのではなく実践刀として組太刀の技による鎬の消耗度合いなどを見て頂きたい。

■ 一刀流定寸刀 … 二尺三寸六分五厘（71.4㎝）

昭和31年正月 奥州津軽住 國俊造之作 （一財）禮楽堂所蔵

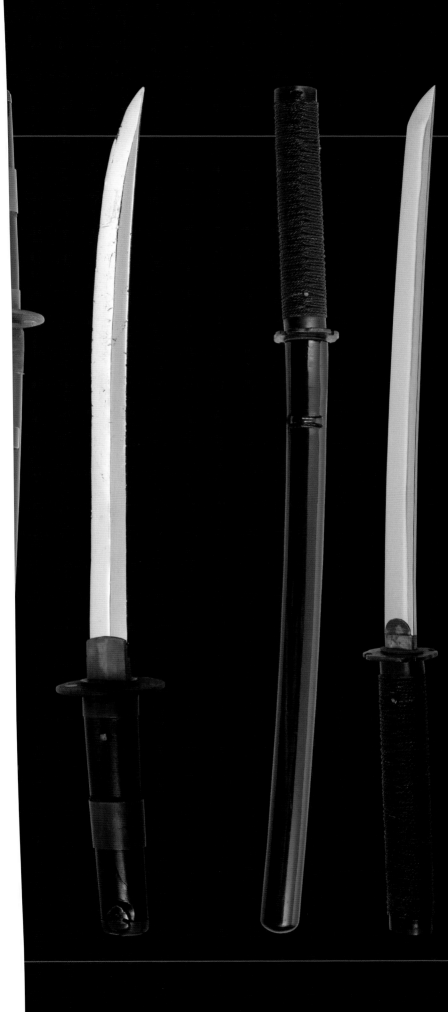

黒漆塗鞘打刀拵（刀身無銘 大正・昭和初期）

主に立会抜刀に使用されている一刀流定寸刀（稽古用拵）である。

柄は蛇腹糸巻であるが目貫の位置が普通の打刀より上についているのが特徴である。

切落しの際に滑らないよう、または威力を増す為と考えられる。

「縁頭」（ふちがしら）とは、鍔（つば）と接する側に付けられる金具「縁金」（ふちがね）と、その反対側の先端部に付ける金具「柄頭」（つかがしら）であるが無地素銅（すあか）であり実戦的な作りになっている。無名であるが大正から昭和初期の作刀かと思われる。

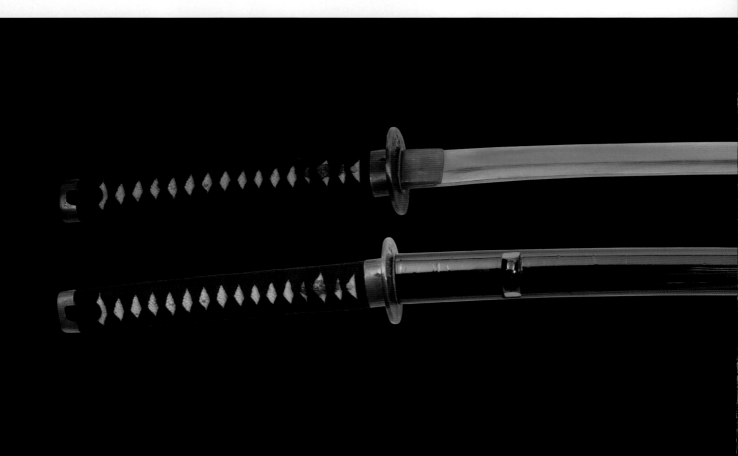

黒漆塗鞘打刀拵
（刀身無銘 大正・昭和初期）

一般的な柄巻きとは異なり稽古で剥がれないよう独自に頑丈に巻かれている。反りが少なく全く無駄のない作りとなっている。

「切落し」

太刀筋は現代剣道にも通じるものであるが、鎬の無い竹刀での操作となると一拍子の相打ちの面で面・打ち落とし面に近い技になる。

大刀を用いた場合は打ち落とすというより、表鎬を使い相手の大刀を摺り落とすことになる。稽古用の大刀は刃引きが施され頑丈に作られているものの、切落しのため表鎬の中程の擦れが激しいものとなっている。

▊ 神夢想林崎流居合とは

神夢想林崎流は、居合の元祖たる流祖 林崎甚助重信の創意に成るものである。

「重信が思うに、大小二剣は腰に帯し鞘の内に在り鯉口を発する所必ず勝利の理あるべしと。
之を悟らんと欲し楯岡林崎明神に祈願一百日した。満願の日に至り、奇怪萬字剣を夢想に見て
大悟し、太刀打の根源居合剣法を発明し神夢想林崎流と號した。当流の業は、向身、右身、左身、
外物、外物許、二方詰、五箇之太刀、八箇之太刀などからなる。稽古では、三尺三寸の長剣で九寸
五分（小刀）に勝つを妙とする。」

多くの居合流派の源流にあたる。
特徴としては、必ず稽古には相手を置き三尺三寸（100.8cm）の大刀を以て、敵の九寸五分の小刀
にて突く前を切止める修業を行う。

組太刀とは

伊藤一刀斎は必勝不敗の秘術を大中小三剣の技に配し組太刀の法式を編みだし、門弟小野次郎右衛門忠明に伝えた。忠明ならびにその子孫の忠常、忠於によって一刀流組太刀の法式が大成され後代の名人により修補された。組太刀は大太刀五十本ほかに十本、小太刀九本、合小太刀八本、三重長大太刀一本、匂引十一本、払捨刀十本以上無数。このほかに五点五本、ハキリ合十二本、九個の太刀九本、他流勝之太刀十一本、詰座抜刀十七本、立合抜刀五本、その上に秘奥の清浄霊剣四十本、軍神御拝の式太刀七本など百七十本もある。

一刀流の基本である組太刀稽古では太く反りの少ない専用の木刀を用いる。

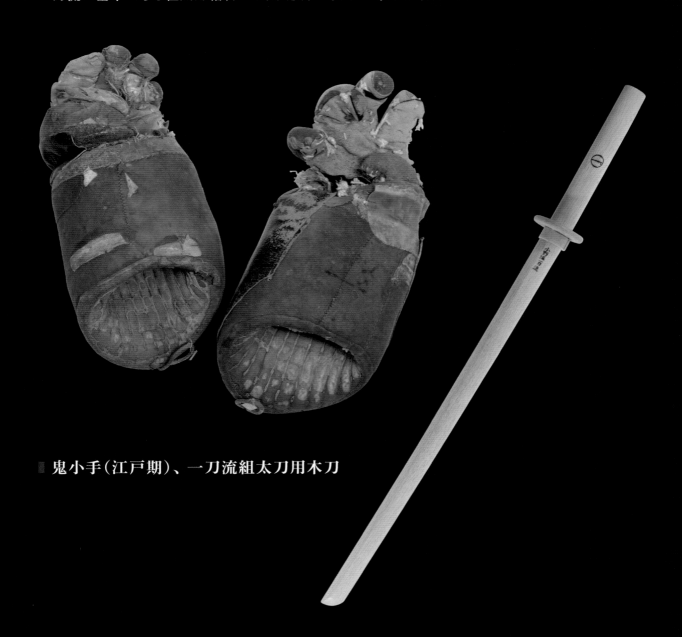

■ 鬼小手（江戸期）、一刀流組太刀用木刀

一本目（一ツ勝）

一本目は一刀流の初手であり、また奥の手である切落しの一手を習わせるところである。一刀流は古来から、切落しに初り切落しに終ると教えた程の必殺必勝の烈しく強く正しい技である。切落しは切組の多くに応用される技であるから、先ずこの一本目でよくよく習い覚え、充分に呑みこみ、体得し熟達しなければならない。切落しは相手の太刀を一度打落しておいて、改めて第二段の拍子で相手を切るのではない。相手から切りかかる太刀のおこりを見ぬいて、少しもそれにこだわらず、己からも進んで打ちだすので姿においては一拍子の相打の勝となるのである。すなわち己が打込む一つの技により相手の太刀を切落しはずして己を守り、その一拍子の勢でそのまま相手を真二つに切るのであり、つまり一をもつて二の働きをなすのである。正しく打つ事が同時に敵の太刀をはずすことになり、敵の太刀をはずことが同時に敵を切ることになり、一をもつて二の働きをするから必ず勝つのである。もしもはずしてから改めて打ち、受けてから改めて打つのでは一をもつて一に二をもつて二に応ずることになり、勝敗の数は双方にわかれる。いわんや二をもつて一に応じたら必ず負ける。

一刀流の切落しは一をもつて二の働きをなすところを教えるのである。それでは相打ちでありながら相手の太刀を切落してわが勝となるのにはどうしたらよいか、その心得はまずわが心をみずから切落すのでなければならない。

❶ 打刀の太刀を切落としたところ

❷ 一拍手で喉を突いたところ

❸ 相手が再度面を切ろうとするので、すかさず小手を切ったところ

二本目（迎突・乗突・突返）

一刀流の恐しさは昔から突だと言われているが、この二本目で教える突は突の本意とし有利な技として
しばしばつかわれている。この技は迎突、突返ともいうが乗突はこの場合よく真意を現わす名である。
相手が突いてくるときに決して逃げよう避けようと思って退いてはならない。そうしたなら必ず突かれる。
そうせずに突けよと計り身を進め、わが構を正しく乗り出すと、われは上わ太刀となり、相手の切先が
はずれ死んで、わが切先に相手の体が突きぬかれる。これは技よりもまず眼力胆力を養うことが先で
ある。必死の覚悟が必勝となるのである。相手の突いてきた太刀にわが太刀をもって乗り重くかかるの
にはわが両手に力を入れてともに下に押しつけてもわが体重は全部太刀にかかるものではない。物打
から切先にかけてわが体重全部を乗せるのにどうしたらよいか、その秘法は柄を取る右手をもって充分
に相手の太刀を下に押しつけ、左手をもつて柄頭を持上げ、わが右足先に力をこめて爪立て右踵を
少しあげ、左足を爪立て左踵を浮かし、わが体の重さをわが太刀に乗せ、その太刀をもって相手の
太刀に乗ることである。重く乗りかかっているばかりでは勝とはならない。相手が嫌って競い力み撓き
上げるのに乗って御し、その上がった離れぎわにこちらから、からりと放すところに相手の虚が出る。
そのはずみの隙を打って取るのである。
その御しかた放しかたを学び取るべきである。わが正しい正眼の構に対し、無法に襲いくる者が
みずから突き貫かれるのは一刀流の迎突の尊いところである。

❶ 打方の突に乗突くところ

❸ 打方がはずみを食い右上段になるところを
　真二つに切ったところ

❷ 乗突き上から重くのしかかったところ

❷ 向身 一本目 押立 天横一文字構え

❸ 向身 一本目 押立 二躬に切留

❹ 向身 一本目 押立 納剣

❺ 左身 三本目 鞭詰 地生に抜き付け

❻ 左身 三本目 鞭詰
添え手し鳥居に取り打方右耳を突く

❼ 左身 三本目 鞭詰 添え手し打方右前腕を鞭詰に押切る

徳川家達書…流露無碍「りゅうろむげ（るろむげ）」

徳川 家達（とくがわ いえさと、1863年8月24日（文久3年7月11日）-1940年（昭和15年）6月5日）は、日本の政治家。徳川宗家第16代当主。廃藩置県後に貴族院議員となり、1903年（明治36年）から1933年（昭和8年）まで30年にわたり第4代から第8代までの貴族院議長を務めた。またワシントン軍縮会議全権大使、1940年東京オリンピック組織委員会委員長、第6代日本赤十字社社長、華族会館館長、学習院評議会議長、日米協会会長、恩賜財団紀元二千六百年奉祝会会長などを歴任した。笹森順造が衆議院議員4期、参議院議員3期務めたことから交流があった。藩校の静岡学問所で学問や、浅利義明の指南による一刀流剣術の稽古に励んでいる。

流露無碍「りゅうろむげ（るろむげ）」…徳川家達書 一刀組太刀の技の稽古では、体と技の凝り固まりをほどき、柔らかく大きく素直になることを学ぶ。氷をとかして水となし、岩を砕いて粉となし、方円の器に従い、敵のどんな隙にも流れ入って滞りがないようにする。すなわち流露無碍である。

中西子正自画

肖像画と自画自賛の和歌…中西忠兵衛子正（なかにしちゅうべいつぐまさ）

小野派一刀流を修めた中西子定が江戸下谷練堀小路東側に一刀流中西道場を開いた。当時は木刀による形稽古からの二代目中西子武が宝暦年間（1751年-1763年）に防具を改良し、竹刀稽古を導入した。四代目中西子正の代には千葉周作を始め優れた弟子達に恵まれ江戸随一の道場と言われた。この掛け軸は後年弘前藩剣術師範となる須藤半兵衛に中西子正より皆伝とともに与えられた。須藤家より笹森順造に伝承された品である。

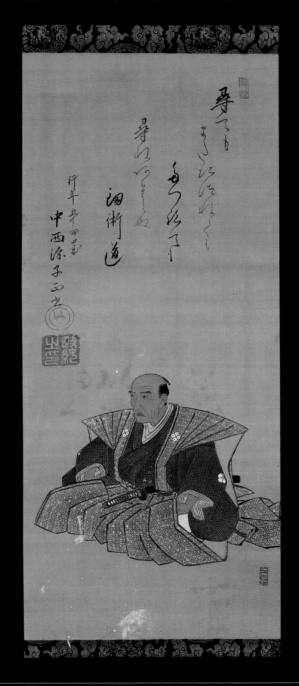

自画に添えられた和歌は剣術の奥深さを伝えている。

（釈文）「尋ねても、また尋ねてもたずねても、尋ねあたらぬ 剣術の道」

津軽信義公宛徳川家光書簡

端午の節句に際し、津軽土佐守から徳川将軍家へ贈答がなされたことへの返礼の書。

徳川幕府第3代将軍・徳川家光の黒印が押され、土井大炊頭利勝が詳細を述べるとする。

宛先の津軽土佐守は、陸奥国弘前藩第3代藩主の津軽信義である。

年次については、津軽信義が家督を継承した寛永8（1631）年から、土井利勝が病によって実務を

離れ、大老となった寛永15（1638）年の間に比定されよう。

（釈文）

為 端午之佳事

帷子単物数五

到来愉思召候、

猶土井大炊頭可レ

述候也

五月三日㊞（家光）

　　　　津軽土佐守とのへ

〈注〉

改行は原文のとおりとし、適宜読点及び漢文転

読の返り点を補った。

山岡鉄舟宛三条実美書簡

西洋文明の導入とともに、日本の伝統を保存し、「国民国家」としての文化的精神的支柱を確立するための方策の一つとして明治15年以降、宮中儀礼の保存が活発化した。

剣術に於いても明治16年、華族会館附属「養勇館」「済寧館」が創立され、伝統文化としての継承が図られたといえよう。これらの道場はいずれも山岡鉄舟をはじめ宮中関係者や三条実美などの政府高官らによって設立されたものである。書簡は上記の時代背景より三条実美より養勇館で撃剣の試合が開催されるので観に来て頂きたいとの山岡鉄舟宛、案内の書簡である。山岡鉄舟は小野派一刀流から分派した浅利義明の弟子であり、明治維新後、無刀流の開祖となる。

入手経路は不明であるが笹森順造が所蔵していた書簡である。

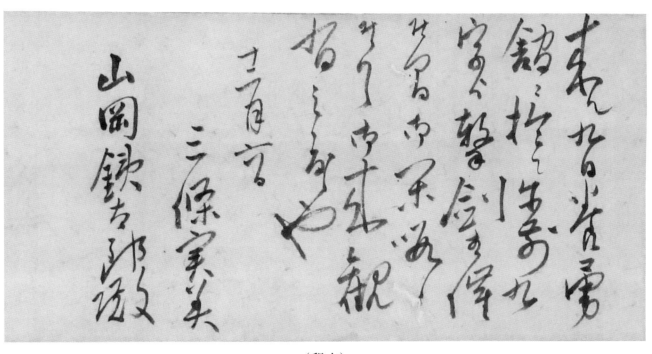

（釈文）

来ル九日養勇
舘ニ於て午前九
字ゟ*撃剣相催
候間、御閑暇ニ
候ハ〻御来観
有之度候也
十二月六日
　　　　三條実美
山岡銕太郎殿

〈注〉
① 改行は原文のとおりとし、適宜読点及び漢文転読の返り点を補った。
① 漢字はJIS漢字の範囲で、書かれている旧字、異体字をそのまま記載した。
*ゟより。「よ」と「り」を組み合わせた合字（合略仮名）。

一刀流剣道必勝六十六手

湊川神社にて一刀流奉納演武（左：高野 佐三郎　右：笹森 順造）

小野派一刀流十六代宗家笹森順造は早稲田大学卒業後も高野佐三郎と組太刀稽古を重ねており組太刀の技をどのように剣道に活かせるかを師弟で研鑽していたことは間違いない。

高野佐三郎の門下である乳井義博も三十六手の技をまとめ弟子達に指導している。

また警視庁剣道名誉師範、小野派一刀流免許皆伝であった小川忠太郎範士も「技を学ぶは小野派一刀流から」と常日頃より言われていた。

ここに笹森順造が示した一刀流剣道必勝六十六手（面技二十手 小手技十二手、胴技七手、突技十八手、連続技九手）を掲載する。

記載の手順に従い実践してみたが突き技、連続技を習得するのは熟練者でもかなり難しい。相当な手首の柔らかさが求められる。

第一項　面技

1.切落面

　相手がわが面に打込んでくる時、われは更に大きく刀を振上げ踏込み、相手の面に入刃に切落し相打ちに勝つ。

2.起頭面

　相正眼にて相手が進もうとする起り頭の面を打つ。

3.迎直面

　相正眼にて相手がわが面を打ってくるのを迎え、じきに相手の面を打つ。

4.追込面

　相手を攻め逃ぐるを追込み、踏込んで面を打つ。

5.成面

　相正眼にて相手がわが右小手打ちにくるのを、われは刀を胸に屈しとり振り上げ面を打つ。

6.抜き面

　相正眼にて相手がわが右小手打ちにくる時、われは下段にぬきはずし、踏込んで面を打つ。

7.張面

　相手の刀をわが刀にて強く張り（払い、流しなど制破し）踏込んで面を打つ。

8.巻落面

　相手の刀をわが刀にて巻き落して面を打つ。

9.応返面

　相手が打ってくる刀をわが刀にて右か左に応じ、手を返し刀を廻わして面を打つ。

10.摺上面

　相手がわが面を打ってくるのをわが鎬にて摺上げて面を打つ。

11.払面

　相手が打突してくる刀を払除け、そのまま踏込んで面を打つ。

12.切返面

　相手からわが面を打ちにくるのを引受け、手を返して面を打つ。

13.担面

　われ刀を左肩へ陽に担ぎ、相手が小手を防ぐのを飛込んで面を打つ。

14.地生面

　相手がわが面打にくるのを、わが刀を相手の諸手の中へ地生に打上げ、直ちに引きぬき巻打ちに面を打つ。

15.小手色懸面

　相手の小手を打つ色を懸け、相手が下段に防ぐ所に飛込んで面を打つ。

16.左上段面

　われ左手前左足前諸手上段にとり、相手正眼の面の隙を諸手または左片手にて打つ。小手か胴を打つこともある。

17.右上段面

　われ右手前右足前諸手上段にとり、相手正眼の面の隙を諸手または右片手にて打つ。小手か胴を打つこともある。

18.片手外し面

　相正眼にとり、相手がわが右小手に打ってくる時、われは右足を引き、右手を放し、左片手を左上に延ばし、相手の右面を打つ。または左手を放し、右片手を右上に延ばし、左面を打つ。

19.刺面

　相手を攻め追込み、右手を柄頭にずらし、左手を放し、遠間から右片手を延ばし刺すように面を打つ。

20.退面

　鍔糶合から相手を押し、退き際に刀を振上げ面を打つ。

第二項　小手技

1.並小手

　相正眼に構え、心と体の隙間次第に相手の右小手を、相手の切先の上を起して打つ。わが切先にて相手の切先を左右に抑え隙間を見出して打つ。

2.起頭小手

　相手がわれを打突しようとする起り頭の右小手を打つ。

3.揚小手

　相手がわが面を打つに揚げた右小手を打つ。

4.入小手

　相手が正眼に構える鍔の下を、わが切先右から左廻りに潜らせ、切先を稍右斜上に差入れて右小手を打つ。

5.内小手

　相手が平正眼に切先を下げて、外側からの打を防いで構えたら、内小手を打つ。

6.担深小手

わが刀を左の肩へ陽にあげ、相手の右小手を横斜に深く打つ。

7.張小手

相手が構え、または打突してくるのを右に張り(挽き、払い、流し、打落し、摺上げなど制破し)右小手を打つ。

8.抜小手

相手がわが右小手を打ちにくる時、左に寄つて低く抜きはずしわが刀を右廻りにして相手の右小手を打つ。

9.誘小手

相正眼にて、われ相手の右小手を打つ色を示し、右手を左に寄せ明けて見せると、相手は必ずわが小手を打ちにくるから、そこを待ち受け、払い、相手の右小手を打つ。

10.上段小手

われ上段にて相手正眼の面を攻めると、相手は切先を斜に上げ防ぐ、そこに生じた隙を明らかに見て、その右小手を打つ。

11.延敷小手

相手上段の前小手をわれ遠間から延べ敷き打つ。

12.退小手

鍔糶合から相手を右斜前に押込み、左斜後ろに退きながら右小手を打つ。

第三項　胴技

1.飛込胴

われから突に攻めあげ飛込んで胴を打つ。

2.抜胴(払捨)

相手からわが面を打ちにきたら、わが体を右斜前に低く踏込み、相手の懐に深く入り、右胴打払い右にぬける。また相手からわが面を打ちにきたら、わが体を左斜前に低く踏込み、左胴打払に左にぬける。

3.摺揚胴

相手がわが面を打ちにきたら、わが体を右斜前に低く踏込み、左鎬にて左上に摺揚げ、手を返し右胴を打って右に出る。また相手がわが面を打ちにきたらわが体を左斜前に低く踏込み、右鎬にて右上に摺揚げ、手を返し左胴を打って左に出る。或は左鎬にて左に強く摺揚げ、左胴を打って右に出る。

4.張胴

相手から打突してくる刀を右または左に張り(挽き、払い、流し)直ちに踏み込んで左または右胴を打つ。

5.上段攻胴

われ上段から相手の面を攻め、相手の手が揚った胴を打つ。

6.小手懸胴

われ正眼にて相手上段の小手を攻め、相手が避ける所に踏込んで胴を打つ。

7.手元退胴

鍔糶合から相手を右前か左前に押込み、退きながら左か右の胴を打つ。

第四項　突技

1.切落突(出刃切落)

相手がわが面を打ちにくるのを、われは進んで切落し出刃に突く。

2.迎突

相手が突いてくる時、われは迎え進み、わが刀の刃方を右にして相手の刀を上から抑え迎突く。

3.乗突

相正眼にてわが刃を真下に左手を低く右手を添え、両手を内に絞り、相手の鍔の上に乗り、刺し交えの覚悟にて踏込んで乗り突く。

4.表突

相正眼にてわが刃を右にし、踏込んで表から突く。

5.裏突

相正眼にてわが刃を左にし、踏込んで裏から突く。

6.落突

相正眼にてわが切先を稍上げてから落すように突く。

7.張突

相正眼にて相手の構または打突してくる刀をわが刀にて(張り、挽き、払い、打落しなど制破し)突く

8.廻突

相正眼にてわが刀を相手の刀のまわりに右廻りか左廻りに廻わし迷わせ踏込んで突く。

9.抜突

相手がわれを打突してくるのを抜きはずし、踏込んで突く。

10.萎入突

　相手からわれを突く刀を萎し入れ、われより踏込んで突く。

11.利生突

　相手から進んで技を出してくる所へ、わが諸手を真剣に突出すと、相手が自然に突き貫かれる。

12.小手色突

　われ相手の右小手を打とうと色を示すと相手が下段に避ける所を突く。

13.小手外し突

　相手がわが右小手打ちにくる時、わが右手を放し、左片手にて突く。

14.小手懸突

　相手がわが面打ちにくる右小手にわが刀を懸け抑えて突く。

15.地生突

　相手からわが面打ちにくる両手の中へわれは地上に打上げ、手を返して突く。

16.浮木突

　相手からわが面を打ちにきたら、切落し、相手が巻いてきたら浮木突に突く。

17.二段突

　相正眼にて、われから表突きを出し、相手が表に抑え逃げるのを追い、裏から踏込んで突く。

18.三段突

　相正眼にて、われ急に切先を下げ裏を攻めると、相手は裏を防ぐ、われ表を攻めると、相手は表を防ぐ、そこをわれ諸手にて裏から踏込んで突く。これは迅速果敢に行うべき技である。

第五項　続技

1.小手懸面

　相正眼にて、われから相手の小手に打懸け、相手が下段に下げ防ぐ所へ面を打つ。

2.小手 面・胴・突

　相正眼にて、われから相手の小手を打ち、続いて面を打ち、また胴を打ち、突を以て最後にきめる。続き技は機敏猛烈に行う。

3.小手・片手突・胴

　小手を打ち左片手にて突き、右手を添え胴を払う。

4.摺揚小手・突

　相手がわが小手打にくるのを右に摺上げて右小手を打ち、そのまま突く。

5.張面・胴

　相手から打突してくるのを張り破り面を打ち、胴を払う。

6.片手小手・面

　われ右片手上段にて、相手正眼の右小手を打ち、刀を廻わし面を打つ。

7.右片手右面、左面

　相手がわが右小手打ちにくる時、左手を放し右斜上に鎬ぎ右片手にて相手の左面を打ち、直ちに刀を左片手に持ちかえ右面を打つ。

8.撓上小手・胴

　相手がわが面打ちにくるのを右斜上に撓き右小手を打ち、手を返して右胴を払い右に出る。

9.摺上右胴・左胴・突

　相手からわが面打ちにくるのを摺上げ右胴を打ち、直ちに手を返して左胴を打ち、諸手に突く。

※足搦・体当・組討の手は略す。

禮楽堂精神

宗家禮樂堂道場（駒場エデン教会）

小野派一刀流十七代宗家笹森建美から教えられたもの

禮楽堂で受け継がれる精神は、小野家から弘前藩津軽家、山鹿家、笹森家と継承してきた精神である。

弘前藩に於いて、小野次郎右衛門忠一から第五代藩主津軽土佐守信寿に継承された小野派一刀流は、その後、山鹿左衛門高美へと継承され、山鹿元次郎高智から笹森順造に継承されるまで山鹿家で継承された。弘前藩山鹿家は儒学者、軍学者山鹿素行の子孫であり、弘前藩にて山鹿流兵学や武士道精神を普及させ、弘前藩における武士道は山鹿素行の「聖人の道は一人の私するところにあらず。」として聖学は万民を助ける為にあるとした精神に強く影響を受け確立されていった。十六代笹森順造は父が弘前藩御武庫奉行を務めるなど弘前藩士であり、弘前藩の武士道精神を受け継いだ一人である。笹森順造は、その強い精神を持って、戦前、単身アメリカに渡って苦学し、その後に東奥義塾塾長として再興を任された人物であり、青山学院院長を経て、敗戦後国務大臣として戦後処理や剣道再興に尽力した。その子建美はその父の姿勢を間近で見て、感下された一人である。建美は常に優しく、門人に一度も声を荒げて指導されたことはない。しかし、その瞳の奥は常に厳しさがあった。建美は鋭い角の集合体が円であると説き、本当の優しさは鋭さがなければならないと教えた。一見矛盾していると言われる両者が根本は一つでありその鋭さが円相全面に溢れ満ちた状態を円満という。鋭さとは自分自身に対する厳しさ、他人を思いやるとは自分自身に厳しい負荷をかけなければできることではない。またそうしなければ人に優しくはなれない。まさしく「鍛えて争わず」の一刀流精神を「無言の教え」を通して強く感じた指導であり、今後もこの教えを伝承していく。

牧師であった十七代目宗家笹森建美は長年に渡る武士道とキリスト教の研究を通じて、精神的根幹の共通点を提示した。武士の切腹は殉教に通じる。「義」は「愛」に呼応する。葉隠の「武士道とは死ぬ事と見つけたり」の深意は、他を生かし自己犠牲の殉教精神と通じると論じていた。

キリスト教の信仰の本質、武士道の精神とは何か。明治以降のキリスト教の歴史を振り返り、これからの時代をいかに生きるか。「道」や「真実な生き方」を幼少時からの体験と証しを踏まえて、人の生死を問う二つの「道」である戦う武士と平和と愛を説くキリスト教の矛盾する思想の問題点を追求した。著書『武士道とキリスト教』（新潮新書）はキリスト教に接する「入門書」としても多くの方々に高い評価を得ている。

笹森 建美（ささもり たけみ）

1933（昭和8）年5月10日-2017（平成29）年8月15日　牧師　小野派一刀流第十七代宗家　禮樂堂堂主
小野派一刀流宗家笹森順造の三男として青森県に生まれる。
直元流大長刀、神夢想林崎流居合も受け継ぐ。
早稲田大学哲学科、米国デューク大学大学院神学部卒業。
駒場エデン教会を拠点に、牧師かつ剣術の宗家で日本古武道協会常任理事を務めた。
著書『武士道とキリスト教』『神への道・神からの道』など